きょうしつのつくり方

原案　岩瀬直樹
絵　　荻上由紀子
監修　プロジェクトアドベンチャージャパン

はじめに

「みんなの教室はみんなでつくる」
　もし、小学校のクラスを子どもたちが中心で創っていったら、そこはどんな教室になるでしょうか？
　この絵本は、そんな、「みんなの教室はみんなでつくる」にチャレンジした子どもたちの1年間の物語です。

　教室は小さな社会です。
　そこでおきていることは、20年後の未来の社会のありようだと考えることもできます。
　では、20年後の社会はどうなっているとステキでしょうか。
　たとえばボクはこう考えます。
　一人ひとりが自分が生きたいように生きていられる社会。
　ちがいが大事にされてして、ゆるやかにつながっていられる社会。ひとりでいることも大事にされる社会。
　「助けて」と気楽にいえる社会。自分の力が発揮できる社会。
　問題や課題はみんなで相談して解決に向かえる社会。

　そんな社会で生きている人びとは、「自分の手元から、自分や社会はよりよく変えていける」と確信して行動しているでしょう。
　そのベースをつくるために、まず今の教室からスタートしたいのです。
　教室を「自分の手元から変えていける」場に。
　そんな未来の社会を試行錯誤する場でありたいと思うのです。

　子どもたちには、自分たちの教室を自分たちで創っていく力があります。
　これはボクが日々の教室の中で体験してきたゆるぎない確信です。
　ボクたち大人が、本気で子どもたちに教室を創っていく自由と責任を手渡せば、びっくりするぐらいのステキな「きょうしつ」が生まれていくのです。
　この本には、そんな「きょうしつ」をつくってきた子どもたちの4月のスタートから3月の旅立ちまでの1年間の物語が詰まっています。
　フィクションではありますが、ボクが担任していた学級で実際に起きたことを表現したノンフィクションともいえ

ます。

　この本の絵本部分には、あえて「文字」はありません。

　ボクが担任しているきょうしつに、1年間定期的に参観に来たつもりになって、じっくりじっくり見ていただきたいなあと思っています。いわば、バーチャル授業参観、です。

　そこには何が見えるでしょうか？

　登場する子どもたちは何を考え、何を感じているでしょうか？

　きょうしつはけっして、「ひとつのかたまり」ではありません。そこにはそれぞれの成長の物語があります。そこにいる一人ひとりの「こうしたい！」が重なったり、ぶつかったりしながらカタチづくられていきます。

　そこに正解はありません。そこに偶然集まったメンバーで、まるで粘土のようにみんなでこねて、自分たちの「きょうしつ＝未来の社会」を試行錯誤しながらカタチづくっていくのです。

　それはもしかしたら従来の「学級」という既成概念を越えていく姿になっていくのかもしれません。

　繰り返しになりますが、1ページ、1ページ、じっくり参観して、一人ひとりが何を考え、何を感じ、どのように影響しあいながら、「みんなのきょうしつ」をつくっていっているかを想像してみてくださいね。できれば友人や家族、同僚と対話しながら読んでみてください。絵本を使った対話のワークショップのイメージで。そして、この本を通して考えたり、感じたり、対話したり、みなさんの「現場」や「わたし」を振り返る機会になるといいなあと思っています。

　「もし、私がこの教室にいたら」と、絵本の世界の登場人物になって、「きょうしつ」をいっしょに創っていってみるのもステキです。そこで何が起きているかを感じてみてください。

　では、きょうしつをつくるアドベンチャーのはじまりです。

岩瀬直樹

解説（ガイド）編

ここからは、きょうしつを見て、考える、話し合うためのヒントを紹介します。
下記を手がかりとして活用してください。

☐ きょうしつの様子を読みとく視点として
☐ 一人ひとりの物語を眺める視点として
☐ どんな教室になっていって欲しいか、同僚、仲間と話す材料として
☐ 子どもたちと見て、「自分たちのきょうしつ」づくりのきっかけに
☐ 「対話の場」「ワークショップ」「ゆっくりひとりで考える時間」
　「親子で話す時間」などさまざまな場で、自由な使い方で！

1年のはじまり。子どもたちが教室に集まってきました

まだ教室にストーリーが
あんまりない感じ。

教室が展開図
なのもそんな感じが
あらわれている。

ちょっと緊張
しているのかな。

わーい！新しいクラス！
っていう感じじゃない子も
いるよね。

2人でくっついている子が
たくさんいるな。

先生の近くにいると
安心するのかな。
自分がそうだったなー。

一年間って急に始まる
わけじゃなくて、前の
学年から持ってきている
ものがあるよね。

子どものころの自分はどの子に似ていますか？
4月のはじめの日、自分が先生として教室に入ったとき、何をみていますか？

サークルの風景

クラスのみんなで話すときには輪になって座ります。
話したいことを、ホワイトボードに書いたりします。

男女が混ざって
いるように見えて、
なんとなーく 2〜3人で
かたまって着席した
感じがする。

ひとりでいると
思われたくない
っていう不安って
あるよね。
そんなとき、
みんなはそれぞれ
どんなことを
するのかな。

Rinがカーテンに
隠れているEnaに
話しかけている。

Chiu、不安げだなあ。
みんなが座り終わっていて、
あとから来て、あいているところに
座ったんじゃないかな。

こういう場が
積み重なって
話し合える文化が
生まれてくるんだね。

絵の中の新年度の子どもたちはこのサークルで
何を話していると思いますか？

教室リフォームプロジェクト
自分たちの場所は、自分たちでつくります。

先生がちっちゃいのに
深い意味がありそう（笑）

「教室は自分たちの
ものだぜー！」
と自信たっぷりで
いいなー。

わたしたちには
環境を変えていける
ちからがあるんだよ
っていうメッセージに
なるんだ。

自分の周りって
自分で変えていける。
それって、自分のいる
社会をつくっていけるって
いうことなんだと思う。

あなたが子どものとき、学びやすい場にするために
教室を好きなように改造していいと言われたらどうしますか？

PAアクティビティ

半円のパイプをつかって、スタートからゴールまで小さなボールを運ぶアクティビティ。
ひとつの目標に向かってクラスで共同しながら達成を目指します。

あなたが考える
「クラスにあったらいいなぁ」
と思う人間関係はどんなものですか？

自分の関わりを
選べるっていいね。
いろいろな方向に
いける自由。

ごちゃごちゃの中に
まぎれられるのは
いいと思う。

集団にいる責任を
持たされるのではなくて、
ひとりひとりの経験の
中で自然に責任を
持ってほしいと思う。

まぎれながら
クラスの成果を
共有できるのもいい。

授業中（算数）の風景

自由に学び合える楽しさで華やいでいます。
その中、戸惑うOちゃんのプロセスが見えるページです。

Beliそっぽ向いているけど大丈夫？

Oちゃんは何を感じているのかな？
みんなの様子を眺めているのかな？
うらやましいのかな？

普段安定的だとなんとなく「この子は大丈夫」って放っておかれるかもしれない。

Oちゃんおぼれてる—！大丈夫？！

この時期のこの感じを思う存分に味わうことが大切なんだろうな。
↓
わいわいしている感じ。
にぎやか！ガチャガチャ！
↑
自由な感じにはしゃいでいる。
動けるのが楽しい。

こういう学び方にすっと入れる子、なかなか入れない子、いろいろだろうな。

Oちゃん、身動きがとれない。
一度「わからない」「どうしていいか
わからない」にはまった子は
どうしたらいいのだろう？

こっちでも
おぼれてる‥。

Oちゃんは
おぼれながら
Keiの「HELP!」を
見て何か思っていそう。

Chiu、
困っているなー。
もう何をどうして
いいかわからないん
だろうな。

Oちゃん、がんばったね!!

算数、好きでしたか？
Oちゃんはどんなプロセスをたどっていったと思いますか？

思いきり遊ぶことが子どもたちの
ベースをつくっています

こんなところに Chiu がいる！
Chiu もこんな風に遊ぶんだなー。
算数では 超元気なかったのに（笑）

先生ってつい
同じ遊びに
みんなを巻きこもうと
しちゃうよね。
私はそういうこと
あるなー。

→ 雑多に遊ぶって
いいな。

↑
人それぞれだから
それぞれに遊べるって
大切。
何をやるかで
選べたらいい。

そうそう！
遊んでいる中で
ルールや道具が
うまれてくる！

遊びのよいところは
自由なこと、
試行錯誤の
連続なこと！ → 徹底的に
遊んでいるなあ！

先生が「遊んであげる」んじゃなくて
全力で一緒に「遊ぶ」が
いいんだろうな。

みんなでやるのが大切ということだけを先生が価値づけちゃうと、みんなで自由の意味をすりあわせる必要がなくなっちゃう。

女の子たちは少人数で集まりたいんだよね。それが陰でコソコソにならないでこうやってオープンに集まれたら周りも不安にならないんだと思う。

子どもたちが子どもらしさを解放する経験！

あなたの記憶に強く残っている遊びの思い出は何ですか？
最近、思いきり遊んだときのことを聞かせてください。

一人ひとりのストーリー

Chiuがふりかえりをジャーナル（ノート）に書いています。
Chiuの体験と心の動きのプロセスを追っています。

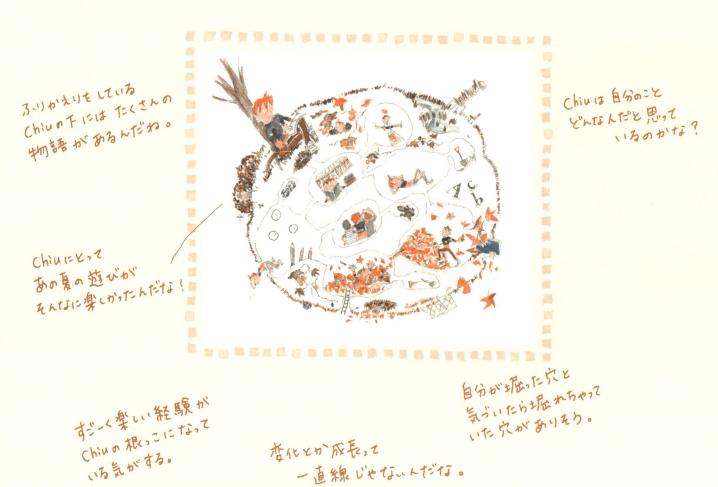

ふりかえりをしている Chiuの下には たくさんの 物語があるんだね。

Chiuにとって あの夏の遊びが そんなに楽しかったんだな！

Chiuは自分のこと どんな人だと思って いるのかな？

自分が掘った穴と 気づいたら掘れちゃって いた穴がありそう。

すごーく楽しい経験が Chiuの根っこになって いる気がする。

変化とか成長って 一直線じゃないんだな。

自分の強みの扉

自分の強み、やっていて楽しいことをみつけたChiu。
おそうじならボクにまかせて！

おそうじプロの
扉が開いたね。

自分のものを
みつけた喜び！

一生懸命
やれることに
自信を持てる
のってステキ。

ひとつの歯車が
回ると、他の
歯車も回って
いくんだろうなあ。

自分の強みを
見つけたことで
自分への評価、
物事の見え方が
変わっていく。

ちょっと大人っぽく
なっている！

今のあなたのクラスに、Chiuの"おそうじプロ"にあたる何かを体験している子はいますか？
どうしてChiuの扉は開いたのだと思いますか？

お楽しみ会(クリスマスパーティー)
子どもたちが企画してつくりあげる楽しい時間になりました。

仲よしだから同じものを
やる、じゃなくて、
その時々の興味・
関心でつながれるっていい。

人間関係の自由度が
高いと、お楽しみ会は
びっくりするほど面白い
ことができるんだ。

いつも安定的に見えるBeli。
その安定感はどこから来る？

安定的と思うのは
Beliのどんな部分をみて思うのかな？

そんな Beli が揺れたとき、
クラスではどんな風にいたのかな？
みえていたのかな？

サークルのとき、
カーテンに隠れて
いたEnaにRinが
話しかけていたよね。
2人共、とってもいい顔！

Chiu.ノリノリ〜。
OちゃんのトナカイもかわいいなO

子どもたちが没頭できるときってどんなときですか？
この絵の中で、先生の仕事って何だと思いますか？

授業中（算数）の風景
学びの時間が「自分の時間」になり、
しっとり学びに集中できるようになってきました。

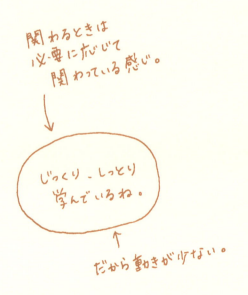

関わるときは
必要に応じて
関わっている感じ。

じっくり、しっとり
学んでいるね。

↑
だから動きが少ない。

得意な子が苦手な子に教える
という上下関係みたいなのが固定
されていないのがいい。

1学期の授業の風景と見比べて、どんなことを感じますか？
あなたの「学びに没頭した経験」を教えてください。

Oちゃん。1学期にはつるにからまったり、おぼれていたけれど、この一年、どんな風に算数と向き合ってきたのかな？

この頭の距離感が好き。きっと学びに集中していて、2人には寄っている意識はないんだろうな。

算数があんまり得意じゃないOちゃんとChiuが教え合っていていいね。

Chiu が Oちゃんに教えてもらっている

Chiuは1学期困って座っていたのに、聞きにいったんだ。

41

ジャーナル（ふりかえり）
自分との対話の時間。書くことで見えてくることがある。

「口に出さないで見守っていて」って
書けるのってすごい！
自分への信頼が育っていないと
書けない言葉だね。

他のページに出ていない
MagoやArgon。
一人ひとりの物語は
Chiuの下のありの巣
のように世界が広がって
いるんだろうね。

全ての子どもたちの全ての
ストーリーを先生が追うことは
できない。それでいいんだと思う。
でも精一杯、想像したい。
よくみていきたい。

つーんって自分に
したくなる気もち、
よくわかる‥

Donaは勉強ができる感じや、
芯ない感じにみえることが多い。
だからきちんとしてしまう、させられて
しまうことがあるかもしれない。
└→Oちゃんに算数を教えてくれていたね。

ジャーナルは、
評価されるためではなく
「ぼくはぼくなんだ」を知る
プロセスのためのもの。

ジャーナルは
子どもたちが
読み返して
自分自身の変化、
成長がみえる
からいいな。

あなたが気になっているあの子のきょうのジャーナルにはどんなことが書いてありそうですか？
「自分をふりかえること」にはどんな意味がありそうですか？

1年の終わり。それぞれの学びや強み、大切なものを携えて、教室を出て行きます

ちょっと大人っぽくなっているKei。他のページにはあまり出てこなかったけれど、どんな1年だった？ 1学期の算数では元気よく「HELP!」サインを出していたけど、1年の終わりには三角定規を抱えていくんだね。どんな気持ち？

自信に満ちてほうきを持つChiu。「おそうじプロ」はChiuにとってどんなものだったの？

人の成長って1年で完結するものじゃなくて、長いスパンで層になっていくもの。

学年末だからって自信たっぷりで帰れる子ばかりではないだろうから、一人ひとりの「いま」から次の扉を開いてもらいたいな。

先生はついつい学年末＝ゴールって考えちゃう‥。

でも一人ひとりの成長はそれぞれだよね。

先生は何か成長してほしい成果を出させてあげたいという責任感もある。

この日、あなたは子どもたちにどんなことを語りましたか？
この本を読んで、あした教室でしたいことはありますか？

大変そうだった算数の
教科書を持っているOちゃん。
算数との時間で得た何かが
Oちゃんの強みになったのかな。

↑
「じゃ、次のスタートラインに立ってくるわ」
って言っていそうな表情。いってらっしゃい！

鼎談

子どもたちがいまを
目いっぱい生きられる経験を

岩瀬直樹（東京学芸大学、元公立小学校教諭）
寺中祥吾（プロジェクトアドベンチャージャパン）
苫野一徳（熊本大学）

　ここでは、まず本書の絵本ページをながめながら、岩瀬直樹さんから教室での実際のエピソードをお聞きしたいと思います。また、苫野一徳さん、寺中祥吾さんに加わっていただき、岩瀬さんの教室での実践との関連で今まで考えてこられたことをお話しいただき、絵本ページの"読み"を深めていきたいと思います。

自分たちの場所をつくっていく

岩瀬…朝のサークルのページです（pp.28-29）。ここではサークル、丸く集まるということがすごく大事です。みんなのクラスをみんなでつくっていくというスタートなので、ひたすら対話し、「ここを自分たちの場所にしていくんだな」という感じを大切にします。

寺中…学級リフォームプロジェクト（p.30）は実際にクラスを物理的につくっていくというところが表れていますね。

岩瀬…クラスのスタートのとき、「教室をみんなでつくる」というのは、ぼくからのメッセージでもあります。一人ひとりの「こうしたい」はちがうので、子どもたちの間で「こうしたい」と「こうしたい」がよくぶつかりあいます。シンプルな例で言えば、図書コーナーの本の並べ方、置く場所一つでも、いろんな意見があるわけです。もちろん担任であるボクにも「こうしたい」があります。そこで、みんなで話し合い、「じゃあ、試して両方やってみよう」となったり、いろいろ折り合いをつけながらやっていきます。いじりたいところも、みんなそれぞれちがいます。そのようにして自分の場所をつくるというのは、学校のあり方が変わっていきます。勉強（のしかた）もそうなるといいのですが。

苫野…多くの場合、子どもたちが自分たちの学びを自分たちでつくれる

という感じは、学校ではなかなか持てないですよね。勉強も教室環境も、何もかも「あてがわれる」のではなく、自分たちのことは自分たちでやっていく、そんな経験がもっと増えたらいいなと思います。

自分たちの場は自分たちでつくれるという原体験と自由への感度

岩瀬…そうですね。「自分が行動することで自分のまわりが変わる」という体験は、とても大事だと思います。

寺中…大人が価値判断したり、先まわりしてやってあげたりしないことで、「自分が行動する」ことと「自分のまわりが変わる」こととの因果関係がはっきりしますね。うまくいっても失敗しても、人のせいにできない部分がいいですね。

苫野…そうすることで、子どもたちは、自分の道を自分自身や人と協力し合って切り開いていくことができるんだという"感度"を、しっかり育んでいくことができるんだと思います。ひと言で言うと、「自由」の"感度"ですね。

遊びの中から生まれること

岩瀬…ぼくが子どものころは、遊びの中に「自由度の目ざめ」、あるいは自由の感度を高める機会がいっぱいありました。

寺中…遊びを、自由度を保ちながら、教育手法としてとり入れようとしているところが、プロジェクトアドベンチャー(以下、PA)にはあります。これ(p.31)は、PAのパイプラインという活動です。道具とルール自体はある程度与えられるけれど、その枠組みの中では、できるだけ自由に自分たちの遊びをつくっていけるような特性があります。

苫野…この筒をみんなでつないでいって、ボールをバケツに入れるんですか。

寺中…そうです。雨どいみたいなものです。半円の筒を一人1個もって、ビー玉のようなボールをある地点まで運びます。

ボールが乗っている人は動けないというルールがあって、筒を使ってみんなでボールを転がしていきます。たとえば、1個を全員で運ぶこともできますし、5分間で何個運べるか目標設定しておこなうと、全員で運ぶのではなく、グループに分かれてとりくんだほうがいいのではないかというアイデアが生まれ、活動のなかで試行錯誤が生まれてくるような特性があります。

岩瀬さんはこういう活動を、さきほどに話していた「遊び」が持っているパワーの代替としてとりくんでいるところはありますか。

岩瀬…はい、そうなんです。パイプラインは、めちゃくちゃ楽しくて、しかも試行錯誤もいっぱい生まれてきます。こうした遊びが持っているパワーはものすごく大きいです。

楽しい遊び・体験が個別の時間を支える

岩瀬…パイプラインなどのとりくみは、子どもたちをものすごく凝集させる感じですが、やはりこういう瞬間も大事だと思うときがあります。うまく言葉になってないところもありますが、すごく質のいいチーム体験や協同体験があると、協同のベースが培われ、個別の時間の中でも、「ちょっと教えて」と言いやすくなります。

苫野…「みんなが同じでなければならない」「同じことをしなければならない」という、学校でよく見られる凝集性には、そこでひどく苦しい思いをしてしまう子どもたちが必ず存在してしまうという、深刻な問題があると思っています。

でも、自発的な遊びを楽しんでいる時に感じるまとまり感は、むしろ助け合いや学び合いの土台になるんですね。

岩瀬…そのギュッとした感じをあまり味わったことがないまま、個別化

を大事にしようと思うと、バラバラしたままになってしまいます。

寺中…パイプラインでも課題に向かっていくプロセスの中で、自分の関わりがとても幅広く選べます。整列したほうがスムーズだと思う人もいれば、ボールの動きに合わせて臨機応変に動くほうがいいという人もいる。ボールを運ぶ列に加わらない人を決めて指示を出してもらおう、というアイデアもありうる。その中で、「こうしたい」と「こうしたい」がぶつかります。遊びの中でも、ちゃんと葛藤することや擦り合わせることが、言葉ではなくて、身体を通してできるのはいいなあと思います。

岩瀬…「集団の目標のために、自分の思いを我慢しよう」というのではないのですよね。

　まず自分がある。どのように関わるかは自分で考え、自分で選べる。その自由度や自然さが大切だなあと思います。

寺中…この夏の遊びの絵(pp.34-35)も、ぼくは好きです。遊びの中から生まれるという部分の最たるページで、一人ひとりの、変化の大事な準備のシーンではないでしょうか。

岩瀬…ぼくにとっては"遊ぶ"ということは、すごく大事なことです。ぼくの根っこには、自由に遊ぶことが子ども時代のいちばん大事なことだということがあります。

苫野…子どもの頃の遊びの経験は、大人になっても強烈に覚えているものですよね。水鉄砲でいっぱい濡れたとか、体を寄せ合って遊んだとか、そういう身体感覚に残ることって、中々忘れないですね。

岩瀬…忘れないですよね。

寺中…それこそ、さきほど話に出ていた、ルールとか道具も、その辺にあるもので自然に生まれますしね。

苫野…そうですね。遊びというのは、自分たちで自由につくりあっていくものだから。

岩瀬…学びもそうありたいと思います。「やりたい」からスタートして自由に試行錯誤する。子どもたちにとっては、遊びも学びも本来は境がないものなのだと思います。「やってみたい！」からスタートして、それが結果として学びにつながっていたという体験はすごく大事ですよね。

寺中…たとえ、それが具体的な何かの契機になってなくても、知らず知らずのうちに解放される体験や自由になる体験は、次の変化の準備だったりすることがあります。

岩瀬…ぼくらは、問いと答えの間をすごく短くし過ぎですよね。授業でも、これをやったらここで結果が出るみたいなことの間がすごく短い。

個別学習の学びのかたち

寺中…この個別の学びのしくみのページ(pp.40-41)は、最初の学びのページ(pp.32-33)とは雰囲気がだいぶちがいますね。

岩瀬…最初のころの華やぎから、「学ぶ」ということが自分の手の中にあるようになっていきます。根底に安心感が流れているときに、こういう学びの場になるという感じがしますね。これは個別だから関わらないというのではありません。関わりは絶対に生まれるけれど、関わるのが目的ではないというところがポイントです。

苫野…岩瀬さんが前におっしゃっていた言葉を借りると、「一人ひとりの居心地の良さを大切にし合ったコミュニティ」ですね。

寺中…前半の学びのページはまさに「アクティブ(活動的)」に、後半のページは、「ラーニング(学ぶ)」ということに比重が載っている感じがします。

　このふりかえりのページ(pp.42-43)では、机を挟んで自分ともう一人の自分が対話しているような面白い絵になっています。ジャーナルを何のためにやっているのか、こんな意味があるという部分を聞かせてください。

岩瀬…自分とのおしゃべりの時間ですね。一日を振り返ってどんなことを感じたのか、考えたのかなど、自分と向き合う時間みたいな感じです。

ぼくとの対話になるときもあるんです。書いたページがたまってくると、みんなそれぞれ読み返したりします。すると、自分の心境の変化や、考え方・立ち位置の変化みたいなことをすごく感じています。

子どもを理解すること、把握すること

苫野…子どもたち一人ひとりには、文字通り一人ひとりの世界がある。その当たり前のことを、しっかり自覚することが大切ですね。

岩瀬…アリの巣の絵(p.36)などを見ると、つくづくぼくがみんなのことをわかるなんて無理だなと思うんです。子どもたちはそれぞれ、こんなに考えていることがちがうのに、そんなこと、ぼくが全部わかりっこないと思います。

苫野…「子ども理解」ということを、そういう観点からもう1回見つめ直してみたいですね。子どもを理解しなきゃいけない、理解できることが教師の力だってよく言われますが、それを岩瀬さんがいう観点から捉え直してみたいと感じました。と言って、子ども理解なんて結局のところ不可能なんだと開き直るのでもなく。

岩瀬…すべてをわかりっこないからわからなくていいではなくて、日々の様子はよく見ているし、考えている。でも、括弧付きにするようにして子どもたちを見ていたいと思っています。

自由の相互承認

寺中…本書の絵の中に、苫野さんが提唱している学びの「個別化・協同化・プロジェクト化の融合」との関係性、もしくは流れやプロセスなど、何か見いだせますか。

岩瀬…言葉では「個別」と「協同」に分けるけれど、子どもにとってはそこに切れ目はないですね。場面やものごとに応じて一人になるときもあればいっしょにやるときもあります。遊びの中でも、一人で遊ぶときもあれば、大勢集まってくると遊び方が変わっていくみたいなことは、それ自体が生きていくプロセスだと思うんです。だから、学校の中でも、ある意味自然に、一人になったり一緒にやったりみたいなことが、自由に行き来できるようになるといいなと思います。

遊んでいるときの子どもってほんとうにいいですよね。学校が苫野さんの言っていた感度を育む場所になってほしいし、それが人が集まる意味なんだと思います。

苫野…学校は、ちょっと硬い言葉ですけど、「自由の相互承認」の"感度"を育む場所、と言っています。

自分が自由に、つまり生きたいように生きられるようになるためには、人の自由も認められなければならないんですね。そうじゃないと、ぼくたちは自分のわがままを押しつけ合って、ひたすら争い続けることになってしまう。

「自由の相互承認」は、だからぼくたちの社会の根本原理なんですね。もしぼくたちが凄惨な争いを望まないのなら、この考えを土台に社会をつくっていくしかない。そして学校は、子どもたちがそのことを頭と心でしっかり理解できるよう、つまりその"感度"を育めるような場である必要があるんです。

でも、時に学校は、そうした「自由の相互承認」の"感度"を、むしろつき崩してしまう場にもなってしまっている。さっきも少し話題になった、「みんなが同じでなければならない、同じことをしなければならない」という過度の凝集性もその一つの要因ですね。いじめや空気を読み合う人間関係なんかも、「自由の相互承認」をずたぼろにしてしまうものです。

だから、岩瀬さんが心がけていられるような、一人ひとりが心地よく自分自身でいられて、しかもそれがゆるやかな協同性に支えられているという、そんな学校・教室空間は、「自由の相互承認」の観点から言っても、とても大切なものだと思っています。

ハウツーではないもの

寺中…今回の本も、前作の『せんせいのつくり方』(岩瀬・寺中共著、旬報社)も、「どうしたらうまくできるか」という問いに、「ハウツー」ではない方法で、みなさん(先生)に伝えられないかというコンセプトでつくってきました。「ハウツーじゃない方法で」というところはどのように考えますか。

岩瀬…実際にはハウツーだけでは伝わりにくいんです。たとえば絵を見て、「そうか、じゃあ、サークルベンチを置けばいいんだ」ということではないですよね。でも、学校の先生が自分の実践を考えるときに、「どうすれば」という問いをたてることが多いでしょう。そして「どうすれば」という問いをたてるとそれ以上に問いが進まないんです。そこでうまくいったりいかなかったりする。うまくいかなかったらもう1回、「どうすればいい」「次の方法に行く」というアプローチをしつづけてしまいます。

寺中…「どうすれば」ではないというのは何ですか。これは根っこのところだと思います。

苫野…ぼくは、何事においても、「本質」、つまり物事の一番核になる考えを、しっかりと自覚しておく必要があるとよく言っています。本質がわかれば、それを実践するための方法を、自分なりにいくつも見いだせるようになるんです。逆に言うと、この本質がわからなければ、ただやみくもに「どうすれば」を考えて試行錯誤を続けるだけで、どこにも行き着けないんですね。

ぼくの考えでは、教育の最も重要な本質の一つは、さっきもお話しした「自由の相互承認」です。この"感度"を、子どもたちにちゃんと育てているだろうかという観点から、たえず自分の実践を振り返る必要がある。そうすれば、これを実現するための方法も、自分でちゃんと考えていけるようになると思っています。

それで言うと、岩瀬さんが教育を考える時の基盤は、どういったところにあるんでしょう。たとえば、凝集性へのある種の違和感なんかも一つでしょうか。

岩瀬…凝集性の違和感みたいなことがぐっと来たときは、大きい変化を自分の中に感じました。「自分自身は割とそういう場は嫌なのに、先生である私はやれてしまう」みたいなところがつながったときに、自分の中に一つ核ができたという感じはあります。学校の先生は立場的にある種の「権力性」があります。そして凝集性の力を学級を「まとめる」力に無自覚に使ってしまいがちです。運動会だったり、大縄だったり。「みんなの力を合わせて絶対優勝するぞ！」みたいな。でも実はその中で苦しんでいる子、自身の自由が侵害されていると感じている子がいるんですよね。恥ずかしながらボクはなかなかそういう子たちに気づけなかったんです。そういう子たちの声なき声に気づいたときに、ぼくの中では大きな変化が起きました。一人ひとりが自分のままで生きやすくて、必要に応じてつながるようなゆるやかさ、が自分の核として育ってきた感じです。

苫野…なるほど。それはとても大事な核ですね。

こうした核、つまり「本質」部分がしっかりしていると、じゃあ子どもたちを過度の凝集性に回収してしまわずに、お互いがお互いを尊重しながらもゆるやかにつながり合える、そんなクラスはどうすればできるんだろうという「実践」の方法を考えていけますね。

ちなみに、岩瀬さんはさっき、「ハウツー」じゃなくて、とおっしゃいましたが、岩瀬さん自身は、「どうすれば」に対する探究心がすごく高いじゃないですか。こういう方法をやってみようかな、ああいう方法をやってみようかなと。

岩瀬…なるほど、それは方法ですね。

苫野…教育の本質に対する深い理解を欠いた方法は、どうしても行き当

たりばったりになりがちですが、それをつかんだ上での方法、つまり「ハウツー」は、意義深い実践のためにはやっぱりすごく重要だと思いますね。その意味では、この絵本には、本質から「ハウツー」までがぎゅっとつまっている感じがします。

最初のきっかけ"これいいかも"、そして自分に問いをたてる

苫野…多くの人は、こういう実践を知ったとき、「あ、これいいかも」というところから自分も実践を始めますよね。その心の動きが、いちばん最初のきっかけですよね。

岩瀬…いいかもと思ったということは、いいと思う何かが自分の中にあるということですね。何でいいと思ったんだろうとか、もう少しそこを考えてみてもいいのかもしれません。

本書を読むとき、まず1回目は先生目線で絶対に読むでしょう。それだけでなく、2回目はぜひ、子ども側から入ってほしい。この教室に子どもとしていたら、1年で何を体験するか、自分はこの中でどこにいるだろうとか、と。

寺中…そうですね。先生目線の中でも、先生としてここにいたらどの子に目が行くかとか、それぞれの先生の実体験と重ねながら、読みすすめてもらえるといいですね。

道具としての自分、自分も心地よくいるために

寺中…こういう仕事は自分自身が道具というか、教育の手段になる側面があるから、岩瀬さんの言う「プロとしての根っこ」(『せんせいのつくり方』より)を深く掘っていくことで、自分としての道具の使い方がわかってくるところがあるだろうと思います。簡単に言うと、自分を知るということになるんですが。

岩瀬さんや他の実践者の方法を真似たっていいと思うんです。でも、その方法を使う自分自身と切り離さないように、「どうしたら」というやり方を考えていけたら、自分自身に合ったやり方に更新していけるし、その中で自分自身のことも知っていけるように思います。

苫野…人それぞれ、どういう道具になりうるかは違いますよね。だから、みんながみんな同じ方法でやってうまくいくわけじゃない。岩瀬さんは岩瀬さんにあったやり方を探求されているのであって、だれもがそれをそっくりマネできるわけでも、マネしなきゃいけないわけでもないと思います。まさに、教育の「本質」をしっかり見据えながら、それぞれの先生が、それぞれの仕方で、それを達成していけばいいんだと思います。

その入り口のひとつとして、「自分はどういう空間だったら心地いいだろう」を自分に問いかけつづけるという視点は、意外に盲点かもしれないですね。「どうすれば管理できるだろう」というのは、先生だったらみんな多かれ少なかれ考えることなんじゃないかなと思いますが、それ以上に、「どうすれば自分も心地よくなれるだろう」と問いかけられるといいですね。

ルール・規範をつくることと自由の相互承認

寺中…PAでは、その集団の規範を自分たちでつくっていく取組をしていますが、苫野さんがいわれる「自由の相互承認」と規範について聞きたいと思います。

社会的な規範とその集団の規範は重なりながらも少しちがっていて、多くの場合学校では社会的な規範が教えられます。道徳、倫理、モラルなどを守る規範意識を育てることはとても大切です。同時に、クラスには「あの人には逆らえない」「まじめにしているとバカにされる」などという見えない集団規範も生まれます。ぼくたちは、全員にとって居心地のいいクラスをつくるために、自分たちで肯定的な集団規範をつくっていこう、と関わっています。苫野さんは、その集団の規範みたいなもの

をどう考えていますか。

苫野…「規範」というと、心情的なものがにじみ出る感じもあるので、どちらかというと「ルール」という言い方をぼくは好みます。

ルールって、かなり根強く、「与えられるもの」みたいに思われる傾向がありますよね。でも市民社会においては、ルールは本来ともにつくっていくものです。「自由の相互承認」にのっとって、みんなの自由が承認されるようなルールを一緒につくっていく。

だから、先ほど寺中さんがおっしゃった集団規範（集団ルール）も、与えられるもの、押しつけられるものじゃなく、ましてや、「あの人には逆らえない」とかいう空気で決まるべきものじゃなく、本来みんなでつくっていくべきものです。そしてそれが、やがて大人になって、社会規範（社会ルール）をともにつくり合っていく経験の土台になる。

だから、そうした経験を重視するPAの取組みは、まさに市民社会の基礎を築くということなんだと思います。

寺中…これは、クラスの中でも実現できるものですよね。

苫野…本来、それこそが教育の重要な一つの意義です。

原初的には、ルールはどうしてもまず与えられるものです。親の「ダメ」がその一番最初のものですね。

でも、ぼくたちは徐々にそのルールを編み替えていったり、いっしょにつくっていったりできるようになる必要がある。社会の根本原理は「自由の相互承認」ですから、ぼくたちは、お互いができるだけ自由に生きられるよう、ルールをつくり合っていく必要があるんです。

だから学校は、子どもたちにルールをただずっと与えつづけ、それに子どもたちを従わせるだけであってはならないんです。むしろ、自分たちでルールをつくり合っていく経験を育む場である必要があるんですね。

寺中…教室ではルールは与えられるもの、もっというと押しつけられるもので、お互いのためにルールが必要だと思える機会は少ないですね。

苫野…本当にそうですね。岩瀬さんのクラスの子どもたちのように、最初はもめたりしながらも、徐々にルールらしきものをつくり合っていく、そんな経験を積まないと、「この社会はぼくたちがみんなでつくっていくものなんだ」という実感が育たないですよね。

寺中…そういう意味で、ルールが必要になる。「こうしたい」がぶつかるような場面が、岩瀬さんのクラスには当たり前にあるんですね。

岩瀬…「こうしたい」がなかったら、ルールをつくろうとも思わないし、そこでぶつかっていくわけですからね。

苫野…ルールは自由を縛るものというイメージが結構強いのですが、それはちがいます。「ルールは僕たちを自由にしてくれるものなんだ」という発想を、こういう経験を通してもっていきたいものだと強く思います。

子ども時代を目いっぱい

岩瀬…自分がやりたいことを目いっぱいやれる時間を、子ども時代に過ごしてほしいです。

苫野…もしかしたら、それが岩瀬さんの実践のいちばんの根っこかもしれませんね。

寺中…子どもたちが目いっぱい生きられるということ。

苫野…それですね。いちばん大切なのは。それが教師の中で振り返りの視点としてあれば、つねに、「今、子どもたちはほんとうに目いっぱい楽しんで生きているかな」と立ち戻れる。ちがうなと思ったときには、「その理由は何だろう、凝集性かな」「管理しているからかな」という発想ができそうですね。

ぶつからざるをえない、折り合いをつけざるをえない場面が日常の中にたくさんあって、でも、根本には自分はちゃんと自分らしく生きられているぞと思える場があって……。子ども時代をそんなふうに生きられること。それが教育の根っこにあるといいなと思います。

原案
岩瀬直樹（いわせ・なおき）
1970年生まれ。東京学芸大学教職大学院准教授（学級経営論、教師教育、授業づくり）。元埼玉県公立小学校教諭。子どもも先生も幸せになる学校づくり、授業づくりのお手伝いをしていきます！
［ブログ］http://iwasen.hatenablog.com/
［メール］naoki.iwase@gmail.com

絵
荻上由紀子（おぎうえ・ゆきこ）
1977年生まれ。工業デザインを学んだ後、独学でイラストレーションを学ぶ。おもに人物を対象とした水彩画を制作している。
［メール］ogiueyukiko@hotmail.co.jp

鼎談
苫野一徳（とまの・いっとく）
1980年生まれ。熊本大学教育学部講師。博士（教育学）。多様で異質な人たちが、どうすればお互いに了解し承認しあえるか、探究しています。著書に、『教育の力』（講談社現代新書）、『勉強するのは何のため？』（日本評論社）など。
［ブログ］http://ittokutomano.blogspot.jp

寺中祥吾（てらなか・しょうご）
1984年生まれ。プロジェクトアドベンチャージャパントレーナー。2014年度よりPA研修会「クラスのちからを生かす」を企画。今の自分に挑むアドベンチャーに、わくわくできる教室づくりの応援をしています！
［ブログ］http://andy0203.blog.fc2.com/
［メール］andy@pajapan.com

監修
プロジェクトアドベンチャージャパン（PAJ）
1995年、設立（代表・林壽夫）。Outward Bound（アウトワード・バウンド）という冒険教育の実践と考え方を学校教育に持ち込むために生まれたプロジェクトアドベンチャー（PA）を、日本において普及、展開している団体。学校教育分野以外にも、企業研修、スポーツチームのチームビルディングなど、様々な分野で展開されている。「アドベンチャー」のちからを使って、人と人との信頼関係を築き、その土台の上で一人ひとりの成長を支えることで、「器の大きな社会の実現」を目指す。
［ウェブサイト］http://www.pajapan.com

関連書籍
『せんせいのつくり方』岩瀬直樹＋寺中祥吾・著、プロジェクトアドベンチャージャパン・監修、旬報社刊

編集……阿部有希

きょうしつのつくり方

2015年12月1日　初版第1刷発行

原　　　案	岩瀬直樹
絵	荻上由紀子
監　　　修	プロジェクトアドベンチャージャパン
ブックデザイン	Boogie Design
発　行　者	木内洋育
編 集 担 当	田辺直正
発　行　所	株式会社旬報社

〒112-0015　東京都文京区目白台2-14-13
電話（営業）03-3943-9911
http://www.junposha.com

印　　　刷	シナノ印刷株式会社
製　　　本	株式会社ハッコー製本

©Naoki Iwase et al. 2015　Printed in Japan
ISBN978-4-8451-1430-6